目 次

社長・資産家・サラリーマンの税金は、こう変わる（個人）

所得税等はこうなる

相続税・贈与税はこうなる

中堅・中小企業の税金は、こう変わる（法人）

法人税はこうなる

消費税はこうなる（法人・個人）

納税環境は、こう変わる（法人・個人）

税理士制度はこうなる

◆この冊子は、以下の資料等により作成しています。◆

* 「令和4年度税制改正大綱」・税制調査会及び各省庁の税制改正要望資料など。

* 「所得税法等の一部を改正する法律」（令和4年3月22日成立。令和4年3月31日公布。令和4年法律第4号）　施行日は、原則令和4年4月1日。

* 「地方税法等の一部を改正する法律」（令和4年3月22日成立。令和4年3月31日公布。令和4年法律第1号）　施行日は、原則令和4年4月1日。

社長・資産家・サラリーマンの税金は、こう変わる（個人）

所 得 税 等 は こ う な る

～　所得税・個人住民税　～

❶ 住宅借入金等を有する場合等の所得税額の特別控除等の見直し

【増税】

■改正の目的

　住宅ローンの金利が1％に満たない場合には、金利の支払額より控除額の方が多いという逆ザヤ現象を解消し、継続して国内需要を喚起することを目的としています。

（1）改正の内容

　住宅借入金等を有する場合の所得税額の特別控除について、適用期限を2021年12月31日から2025年12月31日まで4年延長し、控除率・借入限度額・所得要件も変更されました。

区　分		改正前		改正後	
		2021年12月31日まで	2022年12月31日まで	2022年1月1日～2023年12月31日	2024年1月1日～2025年12月31日
控除率		1％		0.7%	
借入限度額（控除期間）	一般住宅	4,000万円（13年/10年）	－	3,000万円（13年）	2,000万円（10年）
	認定住宅	5,000万円（13年/10年）	5,000万円（13年/10年）	5,000万円（13年）	4,500万円（13年）
	ZEH水準省エネ住宅	－	－	4,500万円（13年）	3,500万円（13年）
	省エネ基準適合住宅	－	－	4,000万円／13年	3,000万円（13年）
所得要件		3,000万円以下		2,000万円以下	
住民税の控除限度額		所得×7％（最高13.65万円）		所得×5％（最高9.75万円）	

「住民税の控除限度額」とは？

　住宅ローン控除の適用を受ける者のうち、その年分の所得税から控除しきれなかった住宅ローン控除額がある場合には、翌年度の個人住民税から、「所得税の課税所得金額等×5％（最高限度額9.75万円）（改正前の適用を受ける居住者の場合は、7％で、最高限度額13.65万円）」が控除できます。

❶　2022年改正が適用されるもの

①　床面積要件が40㎡以上50㎡未満である住宅用家屋で2023年12月末以前に建築確認を受けたもの

　　個人が取得等をした床面積が40㎡以上50㎡未満である住宅の用に供する家屋で2023年12月31日以前に建築確認を受けたものの新築又は当該家屋で建築後使用されたことのないものの取得についても、本特例の適用ができます。ただし、その者の控除期間のうち、その年分の所得税に係る合計所得金額が1,000万円を超える年については、適用できません。

②　一定の省エネ基準を満たさない新築又は建築後未使用住宅を取得した場合

　　2024年1月1日以後に建築確認を受ける住宅の用に供する家屋（登記簿上の建築日付が同年6月30日以前のものを除く。）又は建築確認を受けない住宅の用に供する家屋で登記簿上の建築日付が同年7月1日以降のもののうち、一定の省エネ基準を満たさないものの新築又は当該家屋で建築後使用されたことのないものの取得については、本特例の適用ができません。

❷　適用対象となる既存住宅の築年数要件の見直し

　適用対象となる既存住宅の要件について、築年数要件を廃止するとともに、新耐震基準に適合している住宅の用に供する家屋（登記簿上の建築日付が昭和57年1月1日以降の家屋については、新耐震基準に適合している住宅の用に供する家屋とみなします）であることが加えられました。

❸　中古住宅の借入限度額の見直し

　中古住宅についての借入限度額は一般住宅が2,000万円、認定住宅等が3,000万円。控除期間は10年です。

(2) 適用時期

　この改正は、2022年分以後の所得税及び2023年分以後の個人住民税について適用されます。

(3) 実務家の注意すべき点

　居住の用に供した時期だけでなく、その住宅の取得等における契約時期、所得要件が変更されたことに注意が必要です。

❷ 居住用財産の買換え等の場合の譲渡損失の繰越控除等の適用期限の延長

【減税】

■改正の目的

　本格的な人口減少・少子高齢化社会が到来する中、社会環境の変化等に対応した豊かな住生活を実現するために、居住水準の向上、良質な住宅ストックの形成を図ることを目的としています。

（1）改正の内容

　個人が居住用財産の譲渡をしたことにより生じた譲渡損失について、一定の期間内に買換資産を取得して居住の用に供することなどの一定の要件の下で、その年の他の所得と損益通算することを認めた上で、その損失を控除しきれなかった場合は、その年の翌年以後3年間にわたり譲渡損失の繰越控除ができる特例の適用期限が2年間延長されました。

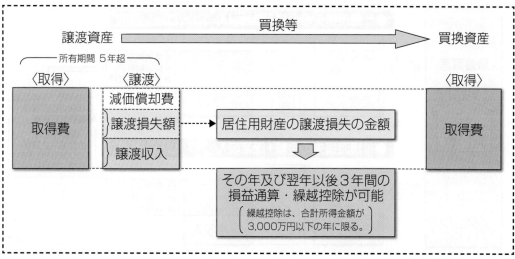

【財務省HPより抜粋】

（2）適用時期

　この特例の適用期限が、2023年12月31日（改正前　2021年12月31日）まで、2年間延長されました。

（3）実務家の注意すべき点

　繰越控除を受けるためには、その年の年末において買換資産に係る住宅借入金等を有し、かつ、その年の合計所得金額が3,000万円以下の場合に限ります。

❸ 特定居住用財産の譲渡損失の繰越控除等の適用期限の延長

【減税】

■改正の目的

　本格的な人口減少・少子高齢化社会が到来する中、社会環境の変化等に対応した豊かな住生活を実現するために、居住水準の向上、良質な住宅ストックの形成を図ることを目的としています。

（1）改正の内容

　個人が居住用財産の譲渡をしたことにより生じた譲渡損失について、譲渡価額が住宅ローン残高を下回るなどの一定の要件の下で、その年の他の所得と損益通算することを認めた上で、その損失を控除しきれなかった場合は、その年の翌年以後3年間にわたり譲渡損失の繰越控除ができる特例の適用期限が2年間延長されました。

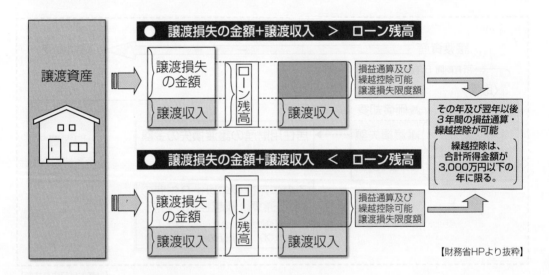

【財務省HPより抜粋】

（2）適用時期

　この特例の適用期限が2023年12月31日（改正前　2021年12月31日）まで、2年間延長されました。

（3）実務家の注意すべき点

　繰越控除を受けるためには、売買契約の前日に譲渡する住宅に係る償還期間が10年以上の住宅ローンがあり、かつ、繰越控除を受ける年の合計所得金額が3,000万円以下の場合に限り適用を受けることができます。

4 一定の内国法人が支払いを受ける配当等の源泉徴収の見直し

【簡素化】

■改正の目的

事業者等の負担を軽減する観点等から、納税環境の整備を目的としています。

（1）改正の内容

一定の内国法人が支払いを受ける配当等で次に掲げるものについては所得税を課さないこととされ、その配当等に係る所得税の源泉徴収を行わないこととされました。

① 完全子法人株式等（株式等保有割合100％）に該当する株式等に係る配当等

② 配当等の支払に係る基準日において、当該内国法人が直接に保有する他の内国法人の株式等（当該内国法人が名義人として保有するものに限る。以下同じ。）の発行済株式等の総数等に占める割合が3分の1超である場合における当該他の内国法人の株式等に係る配当等

【改正前のイメージ図】

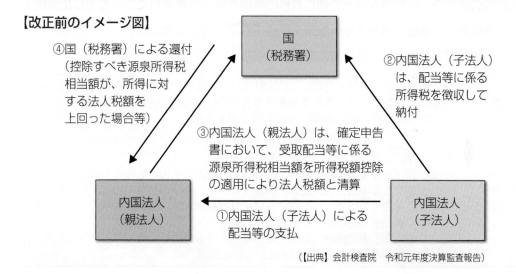

④国（税務署）による還付（控除すべき源泉所得税相当額が、所得に対する法人税額を上回った場合等）

②内国法人（子法人）は、配当等に係る所得税を徴収して納付

③内国法人（親法人）は、確定申告書において、受取配当等に係る源泉所得税相当額を所得税額控除の適用により法人税額と清算

①内国法人（子法人）による配当等の支払

（【出典】会計検査院　令和元年度決算監査報告）

用語の説明

上記の「一定の内国法人」とは、内国法人のうち、一般社団法人及び一般財団法人（公益社団法人及び公益財団法人を除く。）、人格のない社団等並びに法人税法以外の法律によって公益法人等とみなされている法人以外の法人をいいます。

（2）適用時期

この改正は、2023年10月1日以後に支払いを受けるべき配当等について適用されます。

（3）実務家の注意すべき点

内国法人（子法人）は、配当等に係る源泉所得税の徴収が不要になり、内国法人（親法人）は受取配当等に係る源泉所得税の所得税額控除が不要になることに注意が必要です。

5 隠蔽仮装行為に基づく確定申告書の提出等があった場合の必要経費の制限

【増税】

■改正の目的

　適正な記帳や帳簿保存が行われていない納税者と、記帳義務及び申告義務を適正に履行する納税者との公平性を保つことを目的としています。

（1）改正の内容

　隠蔽仮装行為に基づき確定申告書を提出していた場合、又は確定申告書を提出していなかった場合には、これらの確定申告書に係る年分のこれらの所得の総収入金額に係る売上原価その他当該総収入金額を得るために直接に要した費用の額（資産の販売又は譲渡における当該資産の取得に直接に要した額及び資産の引渡しを要する役務の提供における当該資産の取得に直接に要した額として一定の額を除く。以下「売上原価の額」という。）及びその年の販売費、一般管理費その他これらの所得を生ずべき業務について生じた費用の額は、次に掲げる場合に該当する当該売上原価の額又は費用の額を除き、その者の各年分のこれらの所得の計算上、必要経費の額に算入しないこととされました。

対象者	不動産所得、事業所得若しくは山林所得を生ずべき業務を行う者又はその年において雑所得を生ずべき業務を行う者でその年の前々年分の当該雑所得を生ずべき業務に係る収入金額が300万円を超えるもの
対象から除かれるもの	①　保存する帳簿書類等により当該費用の額等の基因となる取引が行われたこと及びこれらの額が明らかである場合 ②　保存する帳簿書類等により当該費用の額等の基因となる取引の相手方が明らかである場合その他当該取引が行われたことが明らかであり、又は推測される場合であって、反面調査等により税務署長が、当該取引が行われ、これらの額が生じたと認める場合 ③　確定申告書を提出していた場合には、その提出した確定申告書等に記載した課税標準等の計算の基礎とされていた金額

（2）適用時期

　この改正は、2023年分以後の所得税及び2024年度分以後の個人住民税について適用されます。

（3）実務家の注意すべき点

　帳簿書類や反面調査によっても、簿外経費の存在が認められない場合には、その取引によって生じた経費は必要経費に算入されなくなります。そのため、税理士等は適正な記帳や帳簿保存に対する指導の徹底を図ることが必要になります。

相 続 税 ・ 贈 与 税 は こ う な る

❶ 住宅取得等資金贈与を受けた場合の贈与税の非課税措置等の見直し

【延長・減税】

■改正の目的

　親世代や祖父母世代から子・孫世代等への資産移転を促進することを通じて、若年世代を中心とした住宅取得・改修等を行う者の資金調達を支援することにより、住宅投資の促進とそれによる経済の活性化、良質な住宅ストックの形成と居住水準の向上を図ることを目的としています。

（1）改正の内容

　直系尊属から住宅取得等資金の贈与を受けた場合の贈与税の非課税措置について、下表の①〜④の措置が講じられました。

　また、特定の贈与者から住宅取得等資金の贈与を受けた場合の相続時精算課税制度の特例についても、下表①、③、④の措置が講じられました。

項　目		改正前		改正後	
①住宅用家屋の新築等に係る契約締結日		2021.4.1〜 2021.12.31		住宅用家屋の取得等に係る契約の締結時期ではなく、贈与日で判定	
住宅用家屋の性能区分		省エネ等住宅（※1）	左記以外の住宅（※2）	省エネ等住宅（※1）	左記以外の住宅（※2）
②非課税限度額	消費税等の税率10%が適用される住宅用家屋の新築等	1,500万円	1,000万円	1,000万円	500万円
	上記以外の住宅用家屋の新築等	1,000万円	500万円		
③適用対象となる既存住宅用家屋の要件		建築後使用されたことがある住宅用家屋で、その取得の日以前20年（耐火建築物の場合は、25年）以内に建築されたもの		築年数要件は廃止。 新耐震基準に適合している住宅用家屋であることを追加。 （登記簿上の建築日付が昭和57年1月1日以降の家屋を、新耐震基準に適合している住宅用家屋とみなすこととされました。）	
④受遺者の年齢要件		20歳以上		18歳以上	

※1　省エネ等住宅とは耐震、省エネ又はバリアフリーの住宅用家屋をいいます。
※2　仲介等の個人間売買等による中古住宅の取得については、消費税等が課税されないため、「左記以外の住宅家屋」に含まれます。

(2) 適用関係

適用期限の2021年12月31日が2023年12月31日まで2年延長されました。

上記の改正は、2022年1月1日（上表④受遺者の年齢要件については、同年4月1日）以後に贈与により取得する住宅取得等資金に係る贈与税について適用されます。

(3) 実務家の注意すべき点

非課税限度額を判定する基準が住宅用家屋の種類のみで判断することが可能となりました。また、中古住宅の取得についても、登記簿上の建築日付のみの確認により、適用の可否が判断可能となりました。

❷ 非上場株式等に係る相続税・贈与税の納税猶予制度の特例承継計画の提出期限の延長
【減税】

■改正の目的

非上場株式等に係る相続税の納税猶予の特例制度について、新型コロナウイルス感染症等の影響による売上減少などにより事業承継を後ろ倒しにしている傾向があること、2020年度の納税猶予制度の特例承継計画申請件数が2019年度に比べ減少していることから、制度の円滑な実施のための措置とすることを目的としています。

(1) 改正の内容《適用期限の延長》

非上場株式等に係る相続税・贈与税の納税猶予の特例制度について、特例承認計画の提出期限が従来の令和5年3月31日（2023年3月31日）から1年間延長されました。

	改正前	改正後
特例承継計画の提出期限	令和5年3月31日 （2023年3月31日）	令和6年3月31日 （2024年3月31日）
特例制度の適用期限	令和9年12月31日 （2027年12月31日）	同左（改正なし）

(2) 実務家の注意すべき点

特例承継計画の提出期限は令和6年3月31日まで1年間延長されましたが、特例制度の適用期限自体は、2027年12月31日までで改正はありません。

また、本制度創設時の「平成30年度 税制改正大綱」の基本的考え方において、本特例制度は10年間の時限措置であるとして、上記適用期限については、延長しないことに言及しています。

本特例制度の適用を受ける可能性がある場合には、早めに事業承継計画を策定されることをおすすめします。

　また現時点では、この納税猶予制度を利用する予定がない場合であっても、特例承継計画を提出することについてのデメリットは一切ありません。したがって、事業承継方法の選択肢を広げる意味でも、特例承継計画は提出されることをおすすめします。

【参考】　特例承継計画の申請件数の推移

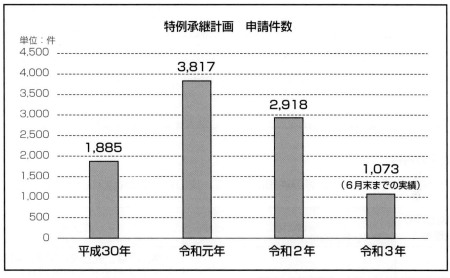

（出典：経済産業省　令和4年度税制改正要望）

【参考】　「特例措置」と「一般措置」の制度の主な違い

	特例措置	一般措置
事前の計画策定等	2024年3月31日まで（本改正で1年延長）	不要
適用期限	2027年12月31日まで	なし
対象株数	全株式	総株式数の最大3分の2まで
納税猶予割合	100%	相続等：80%、贈与：100%
承継パターン	複数の株主から最大3人の後継者	複数の株主から1人の後継者
雇用確保要件	実質撤廃	承継後5年間平均8割の雇用維持が必要
事業の継続が困難な事由が生じた場合の免除	譲渡対価の額等に基づき再計算した猶予税額を納付し、従前の猶予税額との差額を免除	なし（猶予税額を納付）
相続時精算課税の適用	60歳以上の贈与者から20歳以上（2022年4月1日以降は、18歳以上）の者への贈与	60歳以上の贈与者から20歳以上（2022年4月1日以降は、18歳以上）の推定相続人（直系卑属）・孫への贈与

❸ 相続税に係る死亡届の情報等の通知についての見直し

【実務効率化】

■改正の目的

市町村長その他戸籍に関する事務をつかさどる者は、死亡又は失踪に関する届書を受理したときは、当該届書に記載された事項を、当該届書を受理した日の属する月の翌月末日までにその事務所の所在地の所轄税務署長に通知しなければならないとされています。今般の改正により、土地又は家屋の固定資産課税台帳等の登録事項についても通知することが義務化されることにより死亡した者の相続財産を漏れなく把握することを目的としています。

（1）改正の内容

相続税に係る死亡届の情報等の通知について、次の見直しが行われました。

死亡届出等の受理者	改正前	改正後
法務大臣	国税庁長官への通知義務なし	法務大臣は、死亡等に関する届書に係る届書等情報等の提供を受けたときは、当該届書等情報等及び当該死亡等をした者の戸籍等の副本に記録されている情報を、当該提供を受けた日の属する月の翌月末日までに、国税庁長官に通知しなければならない。
市町村長	市町村長その他戸籍に関する事務をつかさどる者は、死亡又は失踪に関する届書を受理したときは、当該届書に記載された事項を、当該届書を受理した日の属する月の翌月末日までにその事務所の所在地の所轄税務署長に通知しなければならない。	市町村長は、当該市町村長等が当該市町村の住民基本台帳に記録されている者に係る死亡等に関する届書の受理等をしたときは、当該死亡等をした者が有していた土地又は家屋に係る固定資産課税台帳の登録事項等を、当該届書の受理等をした日の属する月の翌月末日までに、当該市町村の事務所の所在地の所轄税務署長に通知しなければならない。

（2）実施時期

この改正は、戸籍法の一部を改正する法律の施行の日（令和4年4月1日）以後に適用されます。

（3）実務家の注意すべき点

今回の改正により、死亡した者の不動産に関する情報が税務署へも市区町村等から通知されます。

　相続税、所得税の申告を行う場合には、これまで以上に注意して不動産の有無・利用状況を把握し、申告漏れが生じないようにする必要があります。

【参考】　改正前及び改正後の市町村長等の税務署への通知事項

改正前	改正後
①　死亡の年月日時分及び場所 ②　死亡者の男女の別 ③　死亡者が日本の国籍を有しないときは、その旨 ④　死亡当時における配偶者の有無及びもし配偶者がないときは、未婚又は直前の婚姻について死別若しくは離別の別 ⑤　死亡当時の生存配偶者の年齢 ⑥　出生後30日以内に死亡したときは、出生の時刻 ⑦　出生後8日以内に死亡したときは、死亡者の出生の届出をした市町村名及び届出月日 ⑧　死亡当時の世帯の主な仕事並びに国勢調査実施年の4月1日から翌年3月31日までに発生した死亡については、死亡者の職業及び産業 ⑨　死亡当時における世帯主の氏名	改正前の通知事項に下記の通知事項が追加されます。 ⑩死亡等をした者が有していた土地又は家屋に係る固定資産課税台帳の登録事項等

 一口メモ　**路線価評価における最高裁判決について（2022年4月19日判決）**

「タワマンスキム」の相続をめぐる最高裁判決

■路線価などに基づいて算定した相続マンションの評価額が実勢価格より低すぎるとして、再評価し追徴課税した国税当局の処分の妥当性が争われた訴訟の上告審判決で、最高裁は国税当局の処分を適法とし、相続人側の上告を棄却しました。

■国税当局の処分を妥当とした一、二審の判断を是認し、相続人側の敗訴が確定しました。

本件の概要

　相続人は2012年、父親から東京都内などのマンション2棟を相続し、路線価を基に評価額を計約3億3千万円とした上で、購入時の借入と相殺して相続税を0円と申告。国税当局は不動産鑑定に基づき、評価額を計約12億7千万円と見直し、約3億円を追徴課税した。相続人はこの国税当局の処分を不服として、上告。

　最高裁判決では、他の納税者との間に看過しがたい不均衡が生じ、租税負担の公平に反する」として例外規定の適用を認め、相続人側の主張を退けた。

　裁判官5人全員一致の結論。

（単位：千円）

相続財産	購入価格	借入金	申告時評価額 （路線価評価）	国税当局 （鑑定評価）
東京都杉並区の マンション	837,000	630,000	200,000	754,000
神奈川県川崎市 のマンション	550,000	425,000	133,660	519,000
合　計	1,387,000	1,055,000 （購入額の76.0%）	333,660 （購入額の24.0%）	1,273,000 （購入額の91.7%）

出典：最高裁判例 令和2（行ヒ）283 相続税更正処分等取消請求事件、
国税不服審判所 公表採決事例（H29年5月23日採決）等からSBC作成

論　点

① 被相続人の年齢が高い（本人の購入意思とその妥当性）
　90歳超での不動産購入であり、その目的の妥当性
② 相続（94歳）が発生する直前に物件を購入
③ 節税額が大きい・目立つ（当初の課税価額6億円を相続税をゼロで申告）
④ 被相続人自身の物件購入の記録がない（ご子息が決定した記録のみ）
⑤ 融資した金融機関（信託銀行）の稟議に「相続目的」と記載
⑥ 相続が発生した半年程度と相続直後かつ申告前に物件を売却している
　購入した物件の場所が遠隔地（北海道⇒東京・川崎）であった

私　見

　この判決につきましては、相続人らの一連の行動が専ら租税回避を目的とし、課税の公平性を著しく欠いた行為に起因したものと判断しています。
　一方で、財産の評価において、路線価等を用いた評価通達による評価が否定されたのではなく、従来どおり評価通達による評価が原則であるとの見解も示されました。

　これらを踏まえ、私見といたしましては、相続をはじめとした資産の移転等について専門家として適法な判断をし、これまでと同様に課税の公平性を遵守した上で、財産の評価、相続税の申告について評価通達による評価を基本として鑑定評価、実勢価格等多面的な視野をもって慎重な対応をすればよいと考えます。

中堅・中小企業の税金は、こう変わる（法人）

法人税はこうなる

❶ 所得拡大促進税制の見直し

【減税】

■改正の目的

　「成長と分配の好循環」の実現に向けて、長期的な視点に立って一人ひとりへの積極的な賃上げを促すとともに、株主だけでなく従業員、取引先などの多様なステークホルダーへの還元を後押しすることを目的としています。

（1）改正の内容

❶　中堅・大企業の場合

　給与等の支給額が増加した場合の税額控除制度のうち、新規雇用者に係る措置が改組され、継続雇用者給与等支給額（※1）の継続雇用者比較給与等支給額（※2）に対する増加割合が3％以上であるときは、控除対象雇用者給与等支給増加額の15％の税額控除ができる制度に代わりました。

　この増加割合が4％以上であるときは、25％の税額控除ができることになります。さらに、教育訓練費（※3）の額の比較教育訓練費の額に対する増加割合が20％以上であるときは税額控除率に5％が加算され、最大30％の税額控除になります。

　ただし、控除税額は、当期の法人税額の20％が上限となります。

✓ 継続雇用者の給与（給与等支給総額）が前年度比**3％以上**増加した場合に、雇用者全体の賃上げ額（給与増加額）の**15％を税額控除**。また、前年度比**4％以上**増加した場合には、**25％の税額控除**。
✓ さらに、人的投資の要件を満たした場合には税額控除率が**5％上乗せ**となり、最大**30％の税額控除**。

【賃上げ要件】

継続雇用者※1の給与等支給総額が
前年度比**4％以上**増加
⇒　給与増加額の**25％税額控除**※2

or

継続雇用者※1の給与等支給総額が
前年度比**3％以上**増加
⇒　給与増加額の**15％税額控除**※2

ただし、資本金10億円以上かつ常時使用従業員数1,000人以上の企業については、従業員や取引先などのマルチステークホルダーへの配慮についての方針（賃上げに関するものも含む）の公表が必要

【上乗せ要件：人的投資】

教育訓練費が
前年度比**20％以上**増加
⇒　さらに税額控除率を**5％上乗せ**※2

※1　継続雇用者とは、当期及び前期の全期間の各月分の給与等支給がある雇用者。
※2　控除上限は法人税額等の20％。また、税額控除の対象となる給与等支給総額は雇用保険の一般被保険者に限られない。

（出典：『令和4年度（2022年度）経済産業関係税制改正について』令和3年12月経済産業省5頁）

（※１）「継続雇用者給与等支給額」とは、継続雇用者（法人の適用事業年度及び前事業年度等の期間内の各月においてその法人の給与等の支給を受けた国内雇用者として一定のものをいいます。）に対する適用事業年度の給与等の支給額をいいます。

（※２）「継続雇用者比較給与等支給額」とは、法人の継続雇用者に対する前事業年度等の給与等の支給額をいいます。

（※３）「教育訓練費」とは、国内雇用者の職務に必要な技術又は知識を習得させ、又は向上させるための費用で次のものをいいます。

・その法人が教育訓練等（教育、訓練、研修、講習その他これらに類するものをいいます。）を自ら行う場合の外部講師謝金、外部施設等使用料等の費用

・他の者に委託して教育訓練等を行わせる場合のその委託費

・他の者が行う教育訓練等に参加させる場合のその参加に要する費用

❷ 中小企業等の場合

中小企業における所得拡大促進税制については、税額控除率の上乗せ措置（最大40%の税額控除）を見直した上で、その適用期限が１年延長されました。

> ✓ 雇用者全体の給与（給与等支給総額）が前年度比1.5%以上増加した場合に、その増加額の15%を税額控除。また、前年度比2.5%以上増加した場合には、30%の税額控除。
> ✓ さらに、人的投資の要件を満たした場合には税額控除率が10%上乗せとなり、最大40%の税額控除。

【賃上げ要件】

雇用者全体の給与（給与等支給総額）が
前年度比2.5%以上
⇒ 給与増加額の30%税額控除※

or

雇用者全体の給与（給与等支給総額）が
前年度比1.5%以上
⇒ 給与増加額の15%税額控除※

【上乗せ要件：人的投資】

教育訓練費が
前年度比10%以上増加
⇒ さらに税額控除率を10%上乗せ※

※ 控除上限は法人税額等の20%。また、税額控除の対象となる給与等支給総額は雇用保険の一般被保険者に限られない。

（出典：『令和４年度（2022年度）経済産業関係税制改正について』令和３年12月経済産業省６頁）

（2）適用時期

この改正は、2022年４月１日から2024年３月31日までの間に開始する事業年度について適用されます。（個人事業主は、2023年から2024年までの各年が対象です。）

（3）実務家の注意すべき点

実務処理に際しては、以下の２点について注意が必要です。

① 教育訓練費に係る税額控除の上乗せ措置の適用を受ける場合、改正前は、教育訓練費の明細を記載した書類の確定申告書への添付が必要でしたが、改正後は、書類の保存義務へと変更になりました。

② 中小企業における所得拡大促進税制について、税額控除の上乗せ要件のうち、中小企業者等経営強化法の経営力向上計画の認定に係る要件がなくなりました。

❷ オープンイノベーション促進税制の拡充

【減税】

■改正の目的

　スタートアップを徹底支援するとともに、既存企業の事業革新を促すことにより、企業が生み出す付加価値の向上につなげることは、「成長と分配の好循環」を実現するための必要不可欠な要件です。そのためスタートアップ企業と既存企業の協働によるオープンイノベーションをさらに促進させることを目的としています。

（1）改正の内容

　オープンイノベーションを促進するための税制について、出資の対象となるスタートアップ企業の要件のうち設立の日以後の期間に係る要件について、売上高に占める研究開発費の額の割合が10％以上の赤字会社については設立の日以後の期間が、改正前の10年未満から15年未満へと拡充されます。

　また、特定株式の売却等を行った場合に益金算入の適用を受ける対象期間については、特定株式取得日から改正前の5年以内から3年以内に短縮され、その適用期限が2年間延長されました。

改正概要 【適用期限：令和5年度末まで】

●5年間の株式保有
⇒ 保有期間を3年間に短縮【拡充】

出資：所得控除25%

資金などの経営資源 →
← 革新的な技術・ビジネスモデル

出資法人：事業会社
（国内事業会又はその国内CVC）

出資先：スタートアップ
（設立10年未満の国内外非上場企業）
⇒ 設立15年未満も対象に追加【拡充】
（売上高研究開発費比率10%以上かつ赤字企業が対象）

（出典：『令和4年度（2022年度）経済産業関係税制改正について』令和3年12月経済産業省8頁）

用語の説明

「オープンイノベーション促進税制」とは、国内の対象法人等が、オープンイノベーションを目的としてスタートアップ企業の株式を取得する場合、取得価額の25％を課税所得から控除（損金算入）できる制度です。改正前の制度では、株式の取得日から5年以内に出資した株式の売却等を行った場合には、対応する部分の金額を益金に算入する制度となっています。

（2）適用時期

　この改正は、2022年4月1日以後の出資の取得について適用されます。

（3）実務家の注意すべき点

　実務処理に際しては、以下の2点について注意が必要です。

①	所得控除の上限は1件当たり25億円以下、対象法人は1社・1年度当たり125億円以下であること。
②	出資行為としては、以下の要件を満たすこと。 ・1件当たりの規模：大企業は1億円以上であること。 　　　　　　　　　　中小企業は1,000万円以上であること。 　　　　　　　　　　海外企業への出資は一律5億円以上であること。 ・純投資ではなく、オープンイノベーションに向けた出資であること。

❸ 5Gシステムを取得した場合の特別償却等の見直し

【減税】

■改正の目的

　「安全性・信頼性、オープン性の確保された5Gシステムの導入を支援することで、安全・安心な5Gインフラの構築を図ることを目的としています。また、国内通信キャリアが整備する5G基地局について、ベンダーの多様化・オープン化に資する形での導入を支援することで、多様なベンダーの新規市場参入及び通信キャリア自身のネットワーク管理能力の向上を図ることを目的としています。

（1）改正の内容

　5Gシステムの取得又は製作若しくは建設をした場合、当該設備の取得価額の15％相当額の税額控除、又は30％相当額の特別償却を選択適用できる課税の特例について、次表の見直しがされた上、その適用期限が3年延長されました。

	改正前	改正後
適用要件	特定基地局が開設計画に係る特定基地局（屋内等に開設した特定基地局及び５G高度特定基地局を除く。）の開設時期が属する年度より前の年度に開設されたものであること	・左記の要件の廃止 ・５G高度特定基地局を追加
対象設備	全国５G ・送受信装置・空中線（アンテナ） ローカル５G ・送受信装置・空中線（アンテナ）・通信モジュール・交換設備・伝送路設備（光ファイバを用いたもの）	・全国５G・ローカル５Gともに補助金等の交付を受けたものを除外 ・ローカル５Gについては、導入を行うシステムの用途がローカル５Gシステムの特性を活用した先進的なデジタル化の取り組みであるものに限定
	・3.6GHz超4.1GHz以下又は4.5GHz超4.6GHz以下の周波数の電波を使用する無線設備（多素子アンテナを用いて無線通信を行うために用いられるものに限る。） ・27GHz超28.2GHz以下又は29.1GHz超29.5GHz以下の周波数の電波を使用する無線設備	・マルチベンダー構成のものに限定 ・スタンドアロン方式のものに限定 ・3.6GHz超4.1GHz以下又は4.5GHz超4.6GHz以下の周波数の電波を使用する無線設備に多素子アンテナを用いないものを追加

◆課税の特例の内容

（控除額は当期法人税額の20％を上限）

対象事業者	税額控除		特別償却
全国５G 導入事業者	条件不利地域（＊）	令和４年度：15% 令和５年度：9% 令和６年度：3%	30%
	その他地域	令和４年度：9% 令和５年度：5% 令和６年度：3%	
ローカル５G 導入事業者	令和４年度：15% 令和５年度：9% 令和６年度：3%		30%

（＊）別途定める過疎地域等の条件不利地域を指す。

（出典：『令和４年度（2022年度）経済産業関係税制改正について』令和３年12月経済産業省13頁）

（2）適用時期

この改正は、2025年３月31日までの間に特定高度情報通信用認定等設備の取得等をし、国内にある事業の用に供した場合及びその他の場合に適用されます。ただし、税額控除については、段階的に引き下げられます。

（3）実務家の注意すべき点

実務処理に際しては、以下の２点について注意が必要です。

① 同一設備に対して、特別償却と税額控除を併用することはできませんが、設備ごとに特別償却と税額控除の措置を使い分けることは可能です。
② 中古設備・貸付設備（賃貸資産）は本税制措置の対象外となります。

❹ みなし配当の額の計算方法等の見直し

【増税】

■改正の目的

　最高裁判所2021年3月11日判決において、利益剰余金と資本剰余金の双方を原資として行われた剰余金の配当が行われた場合における「株式又は出資に対応する部分の金額」の計算方法の規定については、一定の場合において利益剰余金を原資とする部分の一部が資本の払戻しとして扱われてしまうことになり、違法なものとして無効である旨判示されました。そのため、みなし配当の計算方法等について見直しが行われました。

（1）改正の内容

　みなし配当課税の計算方法が、次のように変更されました。

①　資本の払戻しに係るみなし配当の額の計算の基礎となる払戻等対応資本金額等及び資本金等の額の計算の基礎となる減資資本金額は、その資本の払戻しにより減少した会社法上の資本剰余金の額が限度となります。
②　種類株式を発行する法人が資本の払戻を行った場合におけるみなし配当の額の計算の基礎となる払戻等対応資本金額等及び資本金等の額の計算の基礎となる減資資本金額は、その資本の払戻に係る各種類資本金額を基礎として計算することとなります。

◆資本の払戻しに係るみなし配当の計算方法の見直し

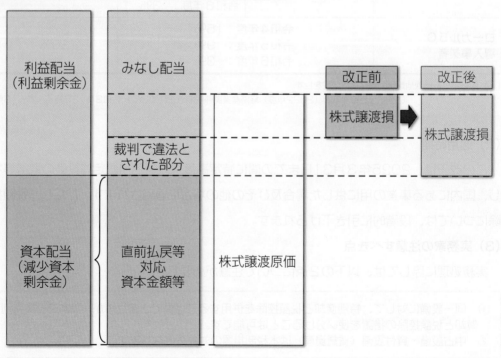

（2）適用時期

　国税庁は上記内容を2021年10月25日に国税庁のウェブサイトにて「最高裁判所令和３年３月11日判決を踏まえた利益剰余金と資本剰余金の双方を原資として行われた剰余金の配当の取扱いについて」という内容で公表しており、遡って適用されます。

（3）実務家の注意すべき点

　この取扱いは、過去に遡って適用されますので、上記の取扱いにより再計算を行った結果、課税上、差異が生じないか確認する必要があります。

❺ 少額減価償却資産及び一括償却資産の損金算入制度の見直し

【増税】

■改正の目的

　中小企業は我が国雇用の７割を支える重要な存在ですが、現在、深刻な人手不足や不透明な経済情勢・海外情勢に直面しています。そのため、中小企業の事務負担の軽減を図るとともに、事務効率の向上等に資する設備投資を促進させることで、中小企業の活力向上を図ることを目的としています。

（1）改正の内容

　資産を取得した場合の下記の損金算入制度において、①については、上記目的を踏まえて適用期限が２年延長されました。また、①〜③については対象資産から**貸付け**（主要な事業として行われるものを除く）**の用に供した資産が除外**されることになりました。（所得税についても同様です。）

> ①　中小企業者等の少額減価償却資産の取得価額の損金算入の特例（取得価額30万円未満）
> ②　一括償却資産の損金算入制度（取得価額20万円未満）
> ③　少額の減価償却資産の取得価額の損金算入制度（取得価額10万円未満）

適用企業	取得価額	償却方法	
中小企業者等のみ	30万円未満	全額損金算入（即時償却）	← 合計300万円まで
全ての企業	20万円未満	3年間で均等償却 ＊1（残存価額なし）	本則＊2
	20万円未満	全額損金算入（即時償却）	

＊1　10万円以上20万円未満の減価償却資産は、３年間で毎年1/3ずつ損金算入することが可能。
＊2　本則についても、適用対象資産から貸付け（主要な事業として行われるものを除く）の用に供した資産は除かれる。

（出典：『令和4年度（2022年度）経済産業関係税制改正について』令和３年12月経済産業省16頁）

（2）適用時期

　この改正は、2022年4月1日～2024年3月31日の間に取得した資産について適用されます。

（3）実務家の注意すべき点

①　資産の貸付が主要な事業として行われている場合には、貸付の用に供した資産は除外対象となりません。

②　この改正により、ドローン投資等による節税手段が使えなくなりました。

---

❻ グループ通算制度の施行に伴う見直し

【減税】

■改正の目的

　グループ通算制度（※1）における、グループ通算子法人のグループ離脱時の取扱い等について、制度の施行状況や組織再編税制との整合性等を踏まえ、中期的に必要な検討を行うことにより、事業再編の円滑化を通じた企業の生産性向上を目的としています。

※1　「グループ通算制度」とは、完全支配関係にある企業グループ内の各法人を納税単位として、各法人が個別に法人税額の計算及び申告を行い、その中で、損益通算等の調整を行う制度です。併せて、後発的に修更正事由が生じた場合には、原則として他の法人の税額計算に反映させない（遮断する）仕組みになっています。

【参考資料】損益通算のイメージ

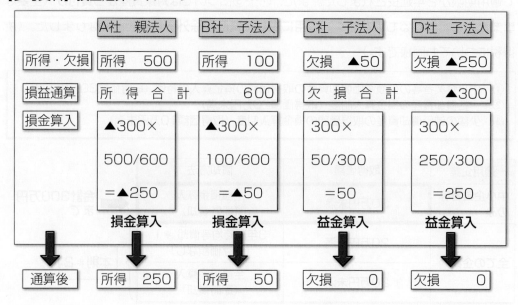

（1）改正の内容

	項　目	改正内容
①	投資簿価修正	改正前の制度では、グループ離脱時の通算子法人株式の譲渡原価の計算を税務上の簿価純資産を基に計算するような仕組みとなっていました。そのため通算子会社法人株式を第三者に売却する場合、子法人買収時の買収プレミア相当額を税務上の損金として算入できないこととなり、連結納税制度と比較すると、譲渡による利益が過大に計上されてしまう問題がありました。 　通算子法人の離脱時に子法人株式の帳簿価額とされるその通算子法人の帳簿価額純資産価額に資産調整勘定等対応金額（※2）を加算することができるようになります。 ※2 **「資産調整勘定等対応金額」** とは、通算子法人株式の取得価額を合併対価として、その取得時にその通算子法人を被合併法人とする非適格合併を行うものとした場合に資産調整勘定等として計算される金額に相当する金額をいいます。
②	1,000万円未満の営業権の時価評価	改正前の制度では、離脱法人の離脱時に時価評価する対象資産から1,000万円未満の営業権が除かれていましたが、1,000万円未満の営業権も時価評価の対象資産に含まれることになります。
③	利子税相当額	グループ間で精算される通算税効果額から、利子税の額に相当する金額として各通算法人間で授受される金額が除外されることになります。
④	支配関係5年継続要件	共同事業性がない場合等の通算法人の欠損金額の切捨て、共同事業性がない場合等の損益通算の対象となる欠損金額の特例及び通算法人の特定資産に係る譲渡等損失額の損金不算入の適用除外となる要件のうち、支配関係5年継続要件について下記の見直しが行われました。 イ　通算承認日の5年前の日後に設立された通算親法人についての要件の判定は、他の通算法人のうち最後に支配関係を有することとなった日（改正前：設立日）の最も早い日との間で行います。 ロ　要件の判定を行う通算法人等が通算承認日の5年前の日後に設立された法人である場合の支配関係5年継続要件の特例について、下記の見直しが行われました。 （イ）通算子法人の判定において、自己を合併法人とする適格合併で他の通算子法人の支配関係法人（通算法人を除く）を被合併法人とするもの及び自己が発行済株式等を有する内国法人（通算法人を除く）で他の通算子法人の支配関係法人であるものの残余財産の確定額を、特例の適用から除外される組織再編成に加える。 （ロ）通算グループ内の法人間の組織再編成を、特例の適用から除外される組織再編成から除外する。
⑤	欠損金の通算	認定事業適応法人の欠損金の損金算入の特例における欠損金の通算の特例について、各通算法人の控除上限に加算する非特定超過控除対象額の配賦は、非特定欠損控除前所得金額から本特例を適用しないものとした場合に損金算入されることとなるその特例10年内事業年度に係る非特定欠損金相当額を控除した金額（改正前：非特定欠損控除前所得金額）の比によることとする等の見直しが行われました。

（2）適用時期

　この改正は、2022年4月1日以後開始事業年度から適用されます。

（3）実務家の注意すべき点

① 資産調整勘定等対応金額の計算は、通算子法人の取得時に遡って行う必要があります。また、適用に当たっては計算の明細添付が必要となります。

② 離脱する通算子法人について離脱時の時価評価の適用がある場合、営業権の時価評価は必須となります。

③ 上記のほかに、外国税額控除についての見直しがされています。

❼ 子会社株式簿価減額特例の見直し

【減税】

■改正の目的

　2020年度税制改正により導入された、子会社からの配当と子会社株式の譲渡を組み合わせた租税回避防止措置（子会社株式簿価減額特例）について、現行法令では支配後に獲得した剰余金からの配当も含まれる可能性があり、制度趣旨にそぐわない点を是正することを目的としています。

【租税回避スキーム及び令和２年改正イメージ図】

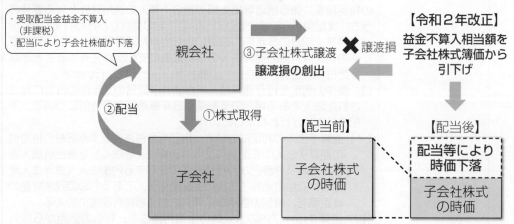

（1）改正の内容

　法人が子会社株式簿価減額特例の適用を受ける場合における適用除外要件（特定支配日利益剰余金額要件）の判定基準と、適用回避防止規定（適用除外基準を満たす子会社を経由した配当等を用いた適用回避に対するもの）の要件が緩和されました。

❶ 適用除外要件（特定支配日利益剰余金額要件）の判定の見直し

　子会社株式簿価減額特例は、①内国株主割合要件、②特定支配日利益剰余金額要件、③10年超支配要件、④金額要件のいずれかを満たす場合には適用されません。

　このうち②の要件について、租税回避を意図せずに生じるケースが存在するため、次表のとおり条項が追加されました。

改正前	改正後
② 特定支配日利益剰余金額 特定支配日が対象配当等の額を受ける日の属する子法人の事業年度開始の日前である場合において、**(A) − (B) ≧ (C)** であること (A) 子法人の直前事業年度の貸借対照表に計上されている利益剰余金の額 (B) 対象期間に子法人の株主等が子法人から受ける配当等の額の合計額 (C) 子法人の特定支配日前に最後に終了した事業年度の貸借対照表に計上されている利益剰余金の額	② 特定支配日利益剰余金 対象期間内にその子法人の利益剰余金の額が増加した場合において、対象期間内にその子法人の株主等がその子法人から受ける配当等の額に係る基準時のいずれかがその翌日以後であるときは、直前事業年度の貸借対照表に計上されている利益剰余金の額に**期中増加利益剰余金額 (D)** を加算することを容認。 上記の適用を受ける場合には、特定支配日前に最後に終了した事業年度の貸借対照表に計上されている利益剰余金の額に**特定支配前の期中増加利益剰余金額 (E)** を加算 **(A) + (D) − (B) ≧ (C) + (E)**

【利益剰余金額要件の改正イメージ図】

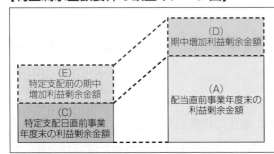

改正前
(A) − (B) ≧ (C)

改正後
(A) + (D) − (B) ≧ (C) + (E)

❷ 適用回避防止規定の要件緩和

　適用除外基準を満たす子会社を経由した配当等を用いた本制度の回避を防止するための措置について、子法人が孫法人等を買収して親法人に配当を行った場合、設立から継続して一定期間特定支配関係にある次のいずれかに該当する場合には、適用されないこととなりました。

改正前	改正後
子法人が有する孫法人等の全てが特定支配日から対象配当等の額を受ける日までの期間が10年を超える場合	① 対象配当等の額に係る基準時以前10年以内に孫法人等の全てがその設立時からその基準時（その基準時前に特定支配関係を有しなくなった孫法人等にあっては最後に特定支配関係を有しなくなった時の直前）まで継続してその子法人との間にその子法人による特定支配関係がある法人（継続関係法人）である場合（その子法人又はその孫法人等を合併法人とする合併で継続関係法人でない法人を被合併法人とするものが行われていた場合等を除く） ② 次のいずれにも該当する場合 　(イ) その親法人と孫法人との間に、その孫法人の設立の時からその孫法人から子法人に支払う配当等の額に係る基準時まで継続して親法人による特定支配関係がある場合 　(ロ) その基準時以前10年以内にひ孫法人等の全てがその設立の時からその基準時（その基準時前に特定支配関係を有しなくなったひ孫法人等にあっては、最後に特定支配関係を有しなくなった時の直前）まで継続してその孫法人との間にその孫法人による特定支配関係がある法人（継続関係法人）である場合（その孫法人又はそのひ孫法人等を合併法人とする合併で、継続関係法人でない法人を被合併法人とするものが行われていた場合等を除く）

【適用回避防止規定イメージ図】

① 孫会社から配当等を受取る場合　② 曾孫会社から配当等を受取る場合
☆適用回避防止規定の適用なし

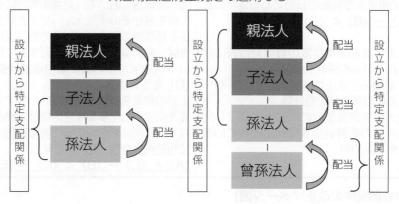

（2）実施時期

　この改正は、2020年4月1日以後に開始する事業年度において受ける対象配当等の額について、適用されます。

（3）実務家の注意すべき点

　子会社株式簿価修正について、その配当時に適正に別表処理をしていないと売却時の所得計算に誤りが生じるため、買収子会社の売却時には過去の経緯を含めた確認が必要になります。

❽ 隠蔽仮装行為に基づいた確定申告書の提出等があった場合の損金算入の制限 【増税】

■改正の目的

　適正な記帳や帳簿保存が行われていない納税者と、記帳義務及び申告義務を適正に履行する納税者との公平性を保つことを目的としています。

（1）改正の内容

　法人が、隠蔽仮装行為に基づき確定申告書[※1]を提出しており、又は確定申告書を提出していなかった場合には、これらの確定申告書に係る事業年度の売上原価その他原価の額[※2]並びにその事業年度の販売費、一般管理費等の費用の額及び損失の額（以下「費用の額等」といいます。）は、次に掲げる場合に該当する当該売上原価の額又は費用の額等を除き、その法人の各事業年度の所得の金額の計算上、損金の額に算入しないこととされました。

※1　その申告に係る法人税についての調査があったことにより、その法人税について決定があるべきことを予知して提出された期限後申告書を除きます。
※2　資産の販売又は譲渡におけるその資産の取得に直接に要した額として一定の額を除く。以下「売上原価の額」といいます。

対象から除かれるもの	① 次に掲げるものによりその売上原価の額又は費用の額の基因となる取引が行われたこと及びこれらの額が明らかである場合※3 イ その法人が法人税法の規定により保存する帳簿書類 ロ イのほか、その法人がその納税地その他一定の場所に保存する帳簿書類その他の物件 ※3 災害その他やむを得ない事情により、その取引に係るイに掲げる帳簿書類の保存をすることができなかったことをその法人において証明した場合を含みます。
	② 上記①イ又はロに掲げるものより、その売上原価の額又は費用の額等の基因となる取引の相手方が明らかであり、又は推測される場合（上記①に掲げる場合を除く。）であって、その相手方に対する調査その他の方法により税務署長が、その取引が行われ、これらの額が生じたと認める場合

（注）その法人がその事業年度の確定申告書を提出していた場合には、売上原価の額及び費用の額等のうち、その提出したその事業年度の確定申告書等に記載した課税標準等の計算の基礎とされていた金額は、本措置の対象から除外されます。

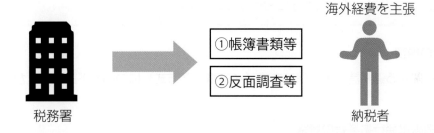

（2）実施時期

　この改正は、2023年1月1日以後に開始する事業年度から適用されます。

（3）実務家の注意すべき点

　確定申告書を提出していた場合には、確定申告書等に記載した課税標準等の計算の基礎とされていた金額は、本措置の適用対象外となります。

　簿外経費の存在が帳簿書類や反面調査によってその取引が行われたと認められない場合は、必要経費に算入されなくなるため適正な記帳や帳簿保存の指導の徹底が必要になることに注意が必要です。

消費税はこうなる

～法人・個人～

◆ 適格請求書等保存方式に係る見直し

【整理】

■改正の目的

2023年より導入されるインボイス制度について実務上の取扱いについて導入目的に沿った円滑な制度にすることを目的としています。

（1）改正の内容

消費税に関する適格請求書等保存方式（インボイス方式）について下記の改正が行われました。

❶ 適格請求書発行事業者の登録

イ．免税事業者が2023年10月1日から2029年9月30日までの日の属する課税期間中に適格請求書発行事業者の登録を受ける場合には、その登録日から適格請求書発行事業者となることができることになります。（改正前は、2023年10月1日の属する課税期間のみの特例でしたが、特例対象期間が延長されることになります。）

ロ．上記イの適用を受けて登録日から課税事業者となる適格請求書発行事業者（その登録日が2023年10月1日の属する課税期間中である者を除く。）のその登録日の属する課税期間の翌課税期間からその登録日以後2年を経過する日の属する課税期間までの各課税期間については、事業者免税点制度は適用されないことになります。

ハ．特定国外事業者（事務所及び事業所等を国内に有しない国外事業者をいう。）以外の者であって納税管理人を定めなければならないこととされている事業者が適格請求書発行事業者の登録申請の際に納税管理人を定めていない場合には、税務署長はその登録を拒否することができることとされ、登録を受けているその事業者が納税管理人を定めていない場合には、税務署長はその登録を取り消すことができることとなります。

二．事業者が適格請求書発行事業者の登録申請書に虚偽の記載をして登録を受けた場合には、税務署長はその登録を取り消すことができることとなります。

❷　仕入明細書等による仕入税額控除※

　仕入明細書等による仕入税額控除は、その課税仕入れが他の事業者が行う課税資産の譲渡等に該当する場合に限り、行うことができることとなります。

※買手は、自らが作成した仕入明細書等のうち、一定の事項（インボイスに記載が必要な事項）が記載された取引相手の確認を受けたものを保存することで、仕入税額控除の適用を受けることもできます。

❸　経過措置

　区分記載請求書の記載事項に係る電磁的記録の提供を受けた場合について、適格請求書発行事業者以外の者から行った課税仕入れに係る税額控除に関する経過措置の適用を受けることができることとなります。

❹　棚卸資産の調整

　適格請求書発行事業者以外の者から行った課税仕入れに係る税額控除に関する経過措置の適用対象となる棚卸資産については、その棚卸資産に係る消費税額の全部を納税義務の免除を受けないこととなった場合の棚卸資産に係る消費税額の調整措置の対象となります。

❺　公売等の場合

　公売等により課税資産の譲渡等を行う事業者が適格請求書発行事業者である場合には、公売等の執行機関はその事業者に代わって適格請求書等を交付することができることとされます。

（2）適用時期

　この改正は、2023年10月1日以後に適用されます。

（3）実務家の注意すべき点

　2023年10月1日から適格請求書を発行するためには2023年3月31日までに登録申請をする必要があります。

　登録すれば終わりではなく、対応する請求書の準備が必要になりますので早期の決断と準備が必要になります。

納税環境は、こう変わる （法人・個人）

税理士制度はこうなる

◆ **税理士制度の見直し**　　　　　　　　　　　　　　　　　　　
　～ 税理士を取り巻く業務環境・納税環境の変化に的確に対応するための制度の見直し ～　【整備】

■**改正の目的**

　税理士が業務のICT化等を通じて納税義務者の利便の向上等を図るよう努めること、若年層の税理士試験の受験を容易にして多様な人材確保を図ること、懲戒処分を逃れるための税理士法人脱退等を防ぐこと等により税理士制度の適正な運用を図ることを目的としています。

（1）改正の内容及び実施時期

　税理士制度について、下記の見直しが行われました。

項　目	改正の内容	適用時期
①税理士業務の電子化等の推進	イ．税理士及び税理士法人は、税理士業務の電子化等を通じて、納税義務者の利便の向上及び税理士の業務の改善進歩を図るよう努めるものとする旨の規定が設けられることとする。 ロ．税理士会及び税理士会連合会の会則に記載すべき事項に、税理士の業務の電子化に関する規定を加えるとともに、この規程についてその会則を変更するときは、財務大臣の許可を受けなければならないこととする。	ロの改正は、2023年4月1日から施行。
②税理士事務所の妥当性の判定基準の見直し	税理士事務所に該当するかどうかの判定について、設備又は使用人の有無等の物理的な事実により行わないこととする等の運用上の対応を行う。	2023年4月1日から適用。
③税務代理の範囲の明確化	イ．税務代理を行うに当たって前提となる通知等について、税務代理権限証書に記載された税理士又は税理士法人が受けることができることを明確化する等の運用上の対応を行う。 ロ．税務代理権限証書について、税務代理に該当しない代理をその様式に記載することができることとする等の見直しを行う。	ロの改正は、2024年4月1日以後に提出する税務代理権限証書について適用。
④税理士会の総会等の招集通知及び議決権行使の委任の電子化	税理士会及び日本税理士会連合会の総会等の招集通知及び議決権の行使の委任について、電磁的方法により行うことができることとする。	―

⑤税理士名簿等の作成方法の明確化	税理士名簿及び税理士法人が作成する税理士業務に関する帳簿等を、電磁的記録をもって作成することができることとする。 ※改正前：磁気ディスク等をもって調整することとされていた。	—
⑥税理士試験の受験資格要件の緩和	イ．会計学に属する科目の受験資格を不要とする。 ロ．大学等において一定の科目を修めた者が得ることができる受験資格について、その対象となる科目を社会科学に属する科目（改正前：法律学又は経済学）に拡充する。	2023年4月1日から施行。
⑦税理士法人の業務範囲の拡充等	イ．税理士法人業務の範囲に、次に掲げる業務を加える。 ・租税に関する教育その他知識の普及及び啓発の業務 ・後見人等の地位に就き、他人の法律行為について代理を行う業務 ロ．税理士法人の社員の法定脱退事由に、懲戒処分等により税理士業務が停止されたことを加える。	—
⑧懲戒処分を受けるべきであったことについての決定制度の創設等	イ．財務大臣は、税理士であった者につき税理士であった期間内に懲戒処分の対象となる行為又は事実があると認めたときは、その税理士であった者が懲戒処分を受けるべきであったことについて決定をすることができる。この場合において、財務大臣は、その税理士であった者が受けるべきであった懲戒処分の種類（その懲戒処分が税理士業務の停止の処分である場合には、懲戒処分の種類及び税理士業務の停止をすべき期間）を明らかにしなければならないこととする。 （注）財務大臣は、上記の決定をしたときは、遅滞なくその旨を官報をもって公告しなければならない。 ロ．税理士の欠格条項に、上記イにより税理士業務の禁止の懲戒処分を受けるべきであったことについて決定を受けた者で、その決定を受けた日から3年を経過しないものを加える。 ハ．税理士の登録拒否事由に、上記イにより税理士業務の停止の懲戒処分を受けるべきであったことについて決定を受けた者で、上記イにより明らかにされた税理士業務の停止をすべき期間を経過しないものを加える。	左記の改正は2023年4月1日以後にした違反行為等について適用。
⑨懲戒処分等の除斥期間の創設	税理士等に係る懲戒処分について、懲戒の事由があったときから10年を経過したときは、懲戒の手続を開始することができないこととする。 （注）税理士法人の税理士法違反行為等に対する処分及び上記⑧イの決定について、上記と同様の措置を講ずる。	⑨の改正は2023年4月1日以後にした違反行為等について適用。
⑩税理士法に違反する行為又は事実に関する調査の見直し	イ．税理士法に違反する行為又は事実に関する調査に係る質問検査権等の対象に、税理士であった者及び税理士業務の制限又は名称の使用制限に違反したと思料される者を加える。 ロ．国税庁長官は、税理士法に違反する行為又は事実があると思料するときは、関係人又は官公署に対し、その職員をして、必要な帳簿書類その他の物件の閲覧又は提供その他の協力を求めさせることができることとする。	イの改正は、2023年4月1日以後に行う質問検査権について適用。 ロの改正は、同日以後に行う協力の求めについて、適用。

⑪税理士が申告書に添付することができる計算事項、審査事項等を記載した書面に関する様式の整備	税理士が申告書に添付することができる計算事項、審査事項等を記載した書面について、税理士の実務を踏まえたその書面に関する様式の簡素化等の見直しを行う。	2024年4月1日以後に提出する申告書に添付する書面について適用。
⑫税理士試験受験願書等に関する様式の整備	税理士試験受験願書に関する様式について、その税理士試験受験願書に添付すべき写真の大きさ以外の制限を不要とする等の見直しを行う。	

(2) 実務家の注意すべき点

　税理士業務について電子化等を促進し、社会の期待に応えるべく対応する必要があります。

　税理士及び税理士法人による税理士法違反について懲戒処分を受けることのないように業務のあり方、使用人の管理監督等を見直す必要があります。

納 税 環 境 は こ う な る

❶ 帳簿の提出がない場合等の過少申告加算税等の加重措置の整備

【厳格化】

■改正の目的

　納税者による租税に関する帳簿書類の整備と適正な申告を促進することを目的としています。

（1）改正の内容及び実施時期

　過少申告加算税制度及び無申告加算税について、納税者が、一定の帳簿（※1）（電磁的記録を含みます。）に記載すべき事項に関し所得税、法人税又は消費税（輸入に係る消費税を除きます。以下同じ）に係る修正申告書若しくは期限後申告書の提出又は更正若しくは決定があった時前に、国税庁等の職員から帳簿の提示又は提出を求められ、かつ、次に掲げる場合のいずれかに該当するとき（納税者の責めに帰すべき事由がない場合を除きます。）は、その帳簿に記載すべき事項に関し生じた申告漏れ等に課される過少申告加算税の額又は無申告加算税の額については、通常課される過少申告加算税の額又は無申告加算税の額にその申告漏れ等に係る所得税、法人税又は消費税の10%（下表②の場合には、5%）に相当する金額を加算した金額とされるほか、所要の措置が講じられました。

《対象となるケース》

①　国税庁等の職員にその帳簿の提示若しくは提出をしなかった場合又はその職員にその提示若しくは提出がされたその帳簿に記載すべき事項のうち、売上金額若しくは業務に係る収入金額の記載が著しく不十分である場合（※2）
②　その職員にその提示又は提出がされたその帳簿に記載すべき事項のうち、売上金額又は業務に係る収入金額の記載が不十分である場合（※3）（上記①に該当する場合を除く）

（※１）**「一定の帳簿」**とは、次に掲げる帳簿（電磁的記録を含みます）のうち、売上
金額又は業務に係る収入金額の記載についての調査のために必要があると認め
られるものをいいます。

| ① 所得税又は法人税の青色申告者が保存しなければならないこととされる仕訳帳及び総勘定元帳 |
| ② 所得税又は法人税において上記①の青色申告者以外の者が保存しなければならないこととされる帳簿 |
| ③ 消費税の事業者が保存しなければならないこととされる帳簿 |

（※２）**「記載が著しく不十分である場合」**とは、記載すべき売上金額等の2分の1以上が不記載である場合をいいます。

（※３）**「記載が不十分である場合」**とは、記載すべき売上金額等の3分の1以上が不記載である場合をいいます。

（2）適用時期

　この改正は、2024年１月１日以後に法定申告期限等が到来する国税について適用されます。

（3）実務家の注意すべき点

　売上についての帳簿書類については、これまで以上に国税の対応が厳しくなることを納税者に理解していただき、帳簿整備のための会計システム化を進めていく必要があります。

２ 財産債務調書制度等の見直し

【厳格化】

■改正の目的

　財産債務調書について見直しを行うことによって国税による財産の把握をはかり、適正な納税義務の履行を促進することを目的としています。

（1）改正の内容及び適用時期

　財産債務調書制度等について、下記の見直しが行われました。

項　目	改正の内容	適用時期
①財産債務調書の提出義務者の見直し	改正前の財産債務調書の提出義務者のほか、その年の12月31日において有する財産の価額の合計額が10億円以上である居住者を提出義務者とする。	2023年分以後の財産債務調書について適用。
②財産債務調書等の提出期限の見直し	財産債務調書の提出期限について、その年の翌年の6月30日（改正前：その年の翌年の3月15日）とする。（国外財産調書についても同様とする。）。	2023年分以後の財産債務調書又は国外財産調書について適用。

③提出期限後に財産債務調書等が提出された場合の宥恕措置の見直し	提出期限後に財産債務調書が提出された場合において、その提出が、調査があったことにより更正又は決定があるべきことを予知してされたものでないときは、その財産債務調書は提出期限内に提出されたものとみなす措置について、その提出が調査通知前にされたものである場合に限り適用することとする。（国外財産調書についても同様とする。）	財産債務調書又は国外財産調書が2024年1月1日以後に提出される場合に適用。
④財産債務調書等の記載事項の見直し	財産債務調書への記載を運用上省略することができる「その他の動産の区分に該当する家庭用動産」の取得価額の基準を300万円未満（改正前：100万円未満）に引き上げるほか、財産債務調書及び国外財産調書の記載事項について運用上の見直しを行う。	2023年分以後の財産債務調書又は国外財産調書について適用。

（2）実務家の注意すべき点

　財産債務調書等の見直しは資産家へのけん制の意味があります。資産家への課税強化を前提とした対応が必要となります。

❸ 電子取引の取引情報に係る電磁的記録の保存への円滑な移行のための宥恕措置の整備 【緩和】

■改正の目的

　経済社会のデジタル化を踏まえ、経理の電子化による生産性の向上、記帳水準の向上等に資することを目的としています。

（1）改正の内容

　令和３年度税制改正により2022年１月１日に施行が予定されていた電子取引の取引情報に係る電磁的記録の保存制度について、納税地の所轄税務署長が電子取引の取引情報に係る電磁的記録を保存要件に従って保存をすることができなかったことについて「やむを得ない事情があると認め」かつ、「その電磁的記録の出力書面の提示又は提出の求めに応じることができるようにしている場合」には、その保存要件にかかわらず、その電磁的記録の保存をすることができることになりました。

❶ 令和３年度税制改正の内容

　令和３年度の税制改正では、次の事項が改正されています。

時　　期	2022年１月１日～
保存方法	**電子取引の保存要件**を満たして、電磁的記録を保存（紙出力保存不可）

◆電子取引の保存要件

真実性の要件	以下の措置のいずれかを行うこと ①　タイムスタンプが付された後、取引情報の授受を行う ②　取引情報の授受後、速やかに（又はその業務の処理に係る通帳の期間を経過した後、速やかに）タイムスタンプを付すとともに、保存を行う者又は監視者に関する情報を確認できるようにしておく ③　記録事項の訂正・削除を行った場合に、これらの事実及び内容を確認できるシステム又は記録事項の訂正・削除を行うことができないシステムで取引情報の授受及び保存を行う ④　適当な理由がない訂正・削除の防止に関する事務処理規程を定め、その規程に沿った運用を行う
可視性の要件	①　保存場所に、電子計算機（パソコン等）、プログラム、ディスプレイ、プリンタ及びこれらの操作マニュアルを備え付け、画面・書面に整然とした形式及び明瞭な状態で速やかに出力できるようにしておくこと ②　電子計算機処理システムの概要書を備え付けること ③　検索機能を確保すること

❷　令和４年度税制改正の内容

　納税地の所轄税務署長が電子取引の取引情報に係る電磁的記録を保存要件に従って保存をすることができなかったことについて「やむを得ない事情があると認め」、かつ、当該電磁的記録の出力書面の提示又は提出の求めに応じることができるようにしている場合には、2022年１月１日から2023年12月31日までの間、その保存要件に関わらず、その電磁的記録を保存することができることとする経過規定が設けられました。

時　　期	2022年１月１日〜2023年12月31日
保存方法	原　　則：電磁的記録の保存 宥恕措置：紙出力保存

（2）適用時期

　2022年１月１日から2023年12月31日までの２年間に行う電子取引について適用されます。

（3）実務家の注意すべき点

　宥恕措置の要件である、電磁的記録を保存要件に従って保存をすることができなかったことついての「やむを得ない事情」についての内容は、公表されていないため今後の法令等の規定の公表時期については注意が必要です。

2022年度　税制改正適用関係早見表
（令和4）

社 長 ・ サ ラ リ ー マ ン

なに税？	いつから	何が？	どうなる（内容）	影響
所得税	2022.01.01	退職所得課税の見直し	勤続年数が5年以下である者が支払いを受けるものであって、短期退職手当等として一定のものに係る退職所得の金額の計算につき、短期退職手当等の収入金額から退職所得控除額を控除した残額のうち300万円を超える部分については、退職所得の金額の計算上2分の1とする措置を適用しないこととされます。	😩【増税】
	2022.01.01	セルフメディケーション税制の見直し	①対象となる医薬品について見直しがされます②確定申告書への添付等について不要になります。	😄【減税】
	2022.01.01	住宅借入金等を有する場合等の所得税額の特別控除等の見直し	住宅借入金等を有する場合の所得税額の特別控除について適用期限を2021年12月31日から2025年12月31日まで延長し、控除率・借入限度額・所得要件が変更されます。 控　除　率　1%→0.7% 借入限度額　住宅の種類に応じて 　　　　　　2,000万円〜5,000万円 所得要件　3,000万円以下→2,000万円以下	😩【増税】
	2022.01.01	居住用財産の買換え等の場合の譲渡損失の繰越控除等の適用期限の延長	適用期限が2年延長されます。	😄【減税】
	2022.01.01	特定居住用財産の譲渡損失の繰越控除等の適用期限の延長	適用期限が2年延長されます。	😄【減税】
	2023.01.01	日本国外に居住する親族に係る扶養控除の見直し	非居住者である親族に係る扶養控除の対象となる親族から30歳以上70歳未満の親族が除外されることとなります。 ただし、一定の要件に該当する場合は扶養控除の適用対象とすることができます。	😩【増税】
	2023.01.01	隠蔽仮装行為に基づいた確定申告書の提出等があった場合の必要経費の制限	隠蔽仮装行為に基づいた確定申告書の提出等があった場合の必要経費について、保存帳簿や反面調査によって必要経費として明らかであると認められる場合を除いて必要経費としないことが明文化されます。	😩【増税】
	2023.10.1	一定の内国法人が支払いを受ける配当等の源泉徴収の見直し	内国法人が3分の1超保有する他の内国法人からの配当について源泉徴収が不要となります。	😄【簡素化】
	2024.01.01	非課税口座内の少額上場株式等に係る配当所得及び譲渡所得等の非課税措置（NISA）の見直し	現行の非課税上場株式等管理契約に係る非課税措置（一般NISA）の終了にあわせ、特定非課税累積投資契約に係る非課税措置が創設されます。	😄【減税】

資 産 家

なに税？	いつから	何が？	どうなる 内容	影響
相続税・贈与税	2022.01.01	**住宅取得等資金贈与を受けた場合の贈与税の非課税措置等の見直し**	直系尊属から住宅取得等資金の贈与を受けた場合の贈与税の非課税措置について①～④の措置が講じられます。 ①契約締結日要件の削除 ②非課税限度額の見直し ③既存住宅家屋の築年数要件の廃止 ④受遺者の年齢要件　２０歳以上→１８歳以上	😄♥/【延長・減税】
	2022.04.01	**民法における成年年齢引下げに伴う年齢要件の見直し〔民法改正〕**	「民法の一部を改正する法律」（2018年6月公布）において、「成年年齢が20歳から18歳に引き下げられた」ことに伴い、税法上、適用年齢が20歳以上又は20歳未満となっている制度につき、年齢要件が見直されます。 ①相続税の未成年者控除 ②直系尊属から贈与を受けた場合の贈与税税率の特例 ③相続時精算課税制度 ④相続時精算課税適用者の特例（受贈者に孫等を追加） ⑤非上場株式等に係る贈与税の納税猶予制度（特例制度についても同様） ⑥NISA（非課税口座内の少額上場株式等に係る配当所得及び譲渡所得等の非課税措置） ⑦ジュニアNISA（未成年者口座内の少額上場株式等に係る配当所得及び譲渡所得等の非課税措置）	😄♥/【簡素化】
	2022.04.01	**確定拠出年金法等の改正に伴う所要の措置**	確定拠出年金法等の改正を前提に、一定の項目について改正が行われます。 加入可能年齢の見直し 受給開始時期の選択肢の課題 実施可能な事業主の範囲拡大 iDeCoの加入の要件緩和 年金資産の移管の改善	😄♥/【減税】

中 小 企 業

なに税?	いつから	何が?	どうなる（内容）	影響
法人税	2022.04.01	グループ通算制度の創設	連結納税制度を見直し、グループ通算制度へ移行されることになります。グループ制度への移行にあわせて単体納税制度の見直しが行われます。	😞→【現状】
	2022.04.01	所得拡大促進税制の見直し	所得拡大促進税制が下記のようになります。■大企業の税額控除①継続給与等支給額の増加割合3％以上＝15％の税額控除②継続給与等支給額の増加割合4％以上＝25％の税額控除③教育訓練費が20％以上増加＝5％の上乗せ∴最大給与増加額の30％の税額控除■中小企業の税額控除①雇用者給与等支給額の増加割合1.5％以上＝15％の税額控除②雇用者給与等支給額の増加割合2.5％以上＝30％の税額控除③教育訓練費が10％以上増加＝10％の上乗せ∴最大給与増加額の40％の税額控除	😄↘【減税】
	2022.04.01	オープンイノベーション促進税制の拡充	オープンイノベーション促進税制に下記の改正が入ります。■出資対象スタートアップ企業の設立の日以後の期間要件 研究開発費の額／売上高≧10％の赤字会社 10年未満→15年未満 ■特定株式売却等益金算入対象期間 特定株式取得日から5年以内→3年以内に短縮 ■適用期限 2年間延長	😄↘【減税】
	2022.04.01	5Gシステムを取得した場合の特別償却等の見直し	5Gシステムの取得等をした場合の税額控除又は特別償却について、適用要件と対象設備の見直しが行われます。	😄↘【減税】
	2022.04.01	少額減価償却資産等の損金算入制度の見直し	少額の減価償却資産の損金算入制度について対象資産から貸付用資産が除かれることになります。	😢↗【増税】
	2023.01.01	隠蔽仮装行為に基づいた確定申告書の提出等があった場合の損金算入の制限	隠蔽仮装行為に基づいた確定申告書の提出等があった場合の損金算入について、保存帳簿や反面調査によって原価等として明らかであると認められる場合を除いて損金算入しないことが明文化されました。	😢↗【増税】
消費税	2023.10.01	適格請求書等保存方式に係る見直し	消費税免税業者が適格請求書発行事業者の登録をしたときに登録日から適格請求書発行事業者となれる経過措置について2029年9月30日まで延長されることになります。	😞→【現状】

納 税 環 境

なに税？	いつから	何が？	どうなる		影響
				内容	
納税環境	2022.01.01	納税管理人制度の拡充	納税者が納税管理人の届出をしなかった場合には、以下の措置が講じられることになります。 ①納税管理人に処理させるべき特定事項を明示したうえで、その準備に通常要する日数（最大60日）以内に、納税管理人の届出を行うよう、納税者に求めること。 ②特定事項の処理につき国内便宜者に納税管理人になることを求めること。 ③上記①の求めにもかかわらず、納税者が納税管理人の届出をしなかった場合には、上記②により納税管理人になることを求めた国内便宜者のうち一定の国内関連者を、特定事項を処理させる納税管理人として指定すること。		😢↗【厳格化】
	2022.01.01	電子取引の取引情報に係る電磁的記録の保存への円滑な移行のための宥恕措置の整備	電子取引保存をすることができなかったことについて「やむを得ない事情があると認め」かつ、当該電磁的記録の出力書面の提示又は提出の求めに応じることができるようにしている場合には、宥恕されます。		😄💛↗【緩和】
	2022.01.04	スマートフォンを使用した決済サービスによる納付手続の創設	納税者がスマートフォンを使った決済サービスにより納税しようとする場合に、国税庁長官が指定する納付受託者を通して納付できるようになります。		😢↗【整備】
	2023.01.01	財産債務調書制度等の見直し	財産債務調書の提出義務者に財産額10億円以上である居住者が加えられるほか提出期限の見直し等が行われます。		😢↗【増税】
	2023.04.01	税理士制度の見直し	①税理士業務の電子化等の推進 ②税理士事務所の妥当性の判定基準の見直し ③税務代理の範囲の明確化 ④税理士会の総会等の招集通知及び議決権の行使の委任を電子化 ⑤税理士名簿等の作成方法の明確化 ⑥税理士試験の受験資格要件の緩和 ⑦税理士法人制度の見直し ⑧懲戒処分を受けるべきであったことについての決定制度の創設等 ⑨懲戒処分等の除斥期間の創設 ⑩税理士法に違反する行為又は事実に関する調査の見直し ⑪税理士が申告書に添付することができる計算事項、審査事項等を記載した書面に関する様式の整備 ⑫税理士試験受験願書等に関する様式の整備		😟→【現状】
	2024.01.01	帳簿の提出がない場合等の過少申告加算税等の加重措置の整備	納税者が一定の帳簿書類の提示をしなかった場合や帳簿の記載が不十分な場合に過少申告加算税及び無申告加算税について通常の加算税の額に申告漏れ等の税額の10％相当額が加算されます。		😢↗【増税】